Panic Button

지금 불안하다면
바로 해소할 수 있는
50가지 방법을 알려드립니다

패닉
버튼

## Panic Button

태미 커크니스 지음 | 강예진 옮김

indigo
Story and music

이 책은 일상 속에서 불안감을 느끼는
4명 중 1명을 위한 책입니다.

불안한 마음이 드나요?
당신이 있는 그 자리에서
이 책의 차례 페이지부터 펼쳐보세요.

지금 당신이 느끼는 불안감을 바로 해결해줄
상황별 50가지 해소 방법이 있습니다.

| 불안감 체크 리스트 | |
|---|---|
| 이유 없이 무기력하고 지쳐 있나요? | ☐ |
| 갑자기 초조하다는 느낌이 드나요? | ☐ |
| 해야 할 일을 자꾸 미루거나 집중하기 어렵나요? | ☐ |
| 어떤 일을 준비할 때 놓치는 게 있을까 봐 불안한가요? | ☐ |
| 원하는 결과가 나오지 않을까 봐 조급한 마음이 드나요? | ☐ |
| 사소한 일도 결정을 내리기가 힘든가요? | ☐ |
| 휴대폰을 내려놓거나 텔레비전의 전원을 끄기가 힘든가요? | ☐ |
| 어떤 일을 혼자 힘으로만 처리해야 할 때 긴장되나요? | ☐ |
| 예상하지 못한 상황이 벌어지면 심하게 당황하나요? | ☐ |
| 삶에서 중요한 것들을 놓치며 살고 있다는 생각이 드나요? | ☐ |

√ 지금 당신의 상황에 해당되는 것이 있나요? 5개 이상이라면, 이 책을 가까이 둘 필요가 있습니다.

# 이 책의 사용법

1. 손이 닿는 가까운 곳에 이 책을 둡니다.

2. 불안감이 느껴진다면 이 책의 차례 페이지를 펼쳐봅시다.

3. 지금 내가 느끼는 상황이 있는지 차례 페이지를 펼쳐 상황별 항목을 훑어봅니다.

4. 나에게 맞는 상황을 찾았다면 그 페이지 찾아서 먼저 눈으로 읽어봅시다.

5. 안내에 따라 천천히 불안감을 해소해봅시다.

6. 자주 겪는 상황이 있다면 해당 페이지를 접어두는 것도 좋습니다.

7. 언제 어디서든 쉽게 불안감을 해소할 수 있도록 자주 겪는 상황의 페이지를 사진으로 찍어두거나 음성 파일로 녹음에 두는 것도 좋습니다.

8. 딱 맞는 상황을 찾지 못했다면, 몸의 반응부터 살펴보고 가장 가까운 상황을 찾아 불안감을 해소해봅시다.

# 한 번이라도 불안을 경험해 본 사람이라면

저는 생각이 지나치게 많고, 과도하게 분석하며, 완벽을 추구하는 사람이었습니다. 이런 성향이 고기능성 불안high-functioning anxiety이라는 상태에 이르게 하는 데 일조한 것 같아요. 결과를 만들어 내려고 애쓰고, 인정을 받아야 만족하며, 맹렬하게 사는 쪽이었습니다. 그 와중에도 불안한 감정은 쉽게 떠나지 않고 지속되었죠.

혼자 지낼 때는 제 증상과 걱정을 감추는 일이 그리 어렵지 않았습니다. 불안감 때문에 숨쉬기 어려울 땐 습관처럼 마시던 술을 마시지 않으면 괜찮아졌고, 낮에 나눴던 대화가 계속해서 머릿속을 맴돌면 그 생각이 사라질 때까지 몇 시간이고 샤워를 하면 괜찮아졌으니까요.

저는 어떤 멋진 남자를 알게 됐고, 마침내 결혼을 하게 되었습니다. 제 주변에 누군가가 항상 있으니까 예전처럼 제 문제를 감추기가 어렵더라고요. 과호흡 상태에 이를 때면 남편이 눈치를 챘으니까요. 점심 식사 약속에 입고 갈 옷을 고르지 못해 눈물을 글썽거릴 때면 남편은 무슨 문제가 있냐고 물었죠.

눈물이 쏟아져 내리던 어느 날 결국 이 문제의 정점을 찍었습니다. 저는 숨을 쉬지도 못하고 몸을 움직이지도 못할 정도의 상태에 빠졌고, 남편은 어찌할 바를 몰랐습니다. 남편은 공포에 질린 것 같았고, 저는 그런 상황이 싫었죠. 부엌 의자에 틀어박혀 온 얼굴을 적시며 눈물을 흘린 채 옴짝달싹 못하는 상태가 된 저는 남편에게 마음으로 소리를 보내 도움을 요청하려고 애썼습니다. 머릿속으로 이렇게 소리를 질렀어요.

"두꺼운 담요를 덮어줘."
"내 팔에서 손을 떼지 말아 줘."
"나를 눕히지 마."

"내가 좋아하는 조용한 노래를 틀어줘."

"숨 쉴 수 있게 좀 도와줘."

"당신이 준 그 티슈를 쓸 수 있을 거라고 생각하지 마. 팔을 움직이는 법을 잊어버렸어."

남편이 저를 부엌 의자에서 일으켜 좀 더 안전한 장소로 데려가고 싶었다면 저를 들어서 옮겨야 했을 겁니다. 제게 무엇이 필요한지 남편에게 알려주기 위해 '정상적인' 모습으로 일어서고 싶었어요. 어쩔 줄 모르는 남편의 모습에 마음이 아팠죠.

몇 주 후, 머릿속이 잠잠해지고 난 뒤에 제 불안과 관련된 다양한 상황들에 대해 모두 적어봤어요. 그리고 불안감을 느끼거나 공황 상태에 이를 때 적용할 수 있는 가이드를 만들었습니다. 이 책의 뼈대를 만든 거죠.

저는 기분이 좋을 때는 이성을 잃지 않도록 스스로 조절할 수 있지만, 불안이 닥쳐오면 뇌의 이성을 담당하는 부분이 마비된다는 사실을 알고 있었어요. 이 가이드가 제게 얼마나 큰 도움이 됐는지 깨닫고 난 후, 다른 사람들도 이 방법을 활용할 수 있게 해야겠다고 생각했습니다.

불안은 여러 형태로 찾아옵니다. 삶의 목표를 이룬 것처럼 보이지만 평생 은밀하게 불안과 싸우는 사람이 있는가 하면, 자신이 느끼는 두려움이나 걱정을 터놓고 이야기하는 사람들도 있습니다. 약물 치료를 받는 사람도 있고, 그렇지 않은 사람도 있죠. 한 번이라도 불안을 직접 경험해 본 사람이라면 두려움으로 숨이 턱 막히는 기분이 어떤지 잘 알 거예요.

저는 불안을 겪는 사람들이 지구상에서 가장 강하고 가장 용기 있는 사람이라고 생각합니다. 방 안에 심각한 위험이 도사리고 있다고 느끼는데도 마음을 가다듬고 태연한 표정을 지을 수 있으니까요.

늘 걱정을 안고 사는 그 용감한 사람이 당신이라면 정말 대단한 거예요. 그 노력에 경의를 표합니다. 그리고 갑갑하거나 마비된 느낌이 들거나 꼼짝할 수 없을 때, 이 책을 통해 평온한 감정, 혹은 긍정적인 감정까지 느낄 수 있는 기회가 열리기를 바랍니다.

# 차례

## 일상 속 불안감

## 사회생활 속 긴장감

## 가족 관계 속 걱정

요즘 들어 자꾸 깜짝 놀라나요?
아직 일어나지도 않은 일을
걱정하고 있지는 않나요?
일상생활 속에서 불안한 마음이 든다면
다음 페이지를 넘겨서 패닉 버튼을 누르고
마음을 가라앉혀보세요.

일상 속 불안감

# Q.

불안감이 들면 근육이 뻣뻣하게
당기는 느낌이 드나요?

자리에 앉아 볼까요?
↓

어깨에 숨을 불어넣는 기분으로 숨을 깊게 들이마시고
의식적으로 어깨의 긴장을 풀면서 숨을 내쉽니다.
↓

가슴에 숨을 불어넣는 기분으로 숨을 깊게 들이마시고
의식적으로 가슴의 긴장을 풀면서 숨을 내쉽니다.
↓

턱에 숨을 불어넣는 기분으로 숨을 깊게 들이마시고
의식적으로 턱의 긴장을 풀면서 숨을 내쉽니다.
↓

눈썹에 숨을 불어넣는 기분으로 숨을 깊게 들이마시고
의식적으로 눈썹의 긴장을 풀면서 숨을 내쉽니다.
↓

목에 숨을 불어넣는 기분으로 숨을 깊게 들이마시고
의식적으로 목의 긴장을 풀면서 숨을 내쉽니다.
↓

숨을 깊게 들이마시고 내쉬는 숨에
남은 긴장감을 털어내보세요.

**NO**

다음 페이지로 넘어가도 좋습니다.

# Q.

요즘 들어
자꾸 깜짝 놀라나요?

**YES**

자리에서 일어나 조용한 곳으로 가볼까요?
혼자 있는 공간이면 더 좋겠어요.
↓
4초 동안 숨을 들이쉽니다.
↓
4초 동안 숨을 멈춥니다.
↓
4초 동안 숨을 내쉽니다.
↓
4초 동안 숨을 멈춥니다.
↓
이 과정을 4번 반복합니다.
↓
남은 하루 동안 다른 사람과 함께 지내야 하는
상황이라면 이렇게 말해보면 어때요?
"오늘 내가 꽤 예민한 상태라고 미리 얘기해 둘게.
오늘만큼은 최대한 조용히 행동하고
시끄러운 소리를 내지 않도록 노력해주면
정말 큰 도움이 될 것 같아."

▶ 지금 당신의 상태는 경계심과 불안의 정도가 높은 각성 과잉hypervigilance일 가능성이 높습니다. 이 상태에서는 민감해지기 쉽고, 큰 소리나 피부에 닿는 느낌에 신경이 쓰일 수 있어요. 숨을 들이쉬고, 잠시 숨을 참았다가 날숨을 내뱉는 '박스 호흡법box breathing'은 증상 완화에 큰 도움이 될 거예요.

**NO**

다음 페이지로 넘어가도 좋습니다.

# Q.

심장이 쿵쾅쿵쾅 뛰는
느낌이 들 때가 있나요?

## YES

척추를 곧게 폅니다.
↓
어깨를 뒤로 보냅니다.
↓
코로 숨을 들이쉽니다.
입으로 숨을 내쉽니다.
↓
이 과정을 3번 반복합니다.
↓
숨을 깊게 들이쉽니다.
↓
내쉬는 숨에 심장이 쿵쾅거리는 느낌을
모두 내보냅니다.

## NO

다음 페이지로 넘어가도 좋습니다.

# Q.

스스로 통제할 수 없는 일을
걱정하고 있나요?

펜을 준비하세요.
(다음 페이지를 넘겨보세요.)

↓

현재 상황에서 '통제할 수 있는 일'과
'통제할 수 없는 일'을 2가지로 나누어
목록을 만들어 봅시다.

↓

'통제할 수 없는 일' 목록을 빨아들이고
공중으로 날려버리는 상상을 해봅시다.
(그리고 잊어버립시다.)

↓

'통제할 수 있는 일' 중에서
지금 바로 할 수 있는
간단한 일 하나를 찾아 실행에 옮겨봅시다.

NO

다음 페이지로 넘어가도 좋습니다.

## 내가 통제할 수 있는 일

○

○

○

○

○

○

○

○

○

○

√ 작성한 목록 중 지금 바로 할 수 있는 간단한 일 하나를 찾아 실행에 옮겨봅시다.

## 내가 통제할 수 없는 일

○

○

○

○

○

○

○

○

○

○

√ 작성한 목록 전부를 빨아들이고 공중으로 날려버리는 상상을 해봅시다.
  (그리고 잊어버립시다.)

# Q.

좋지 않은 일이 생길까 봐
조바심이 나나요?

**YES**

오른손을 펼쳐서
가만히 바라봅니다.
↓
손바닥 위에서 내가 걱정하는 상황이
연극처럼 펼쳐지고 있다고 상상해봅시다.
↓
그리고 이렇게 생각해봅시다.
내면의 힘은 생각보다 강해.
생각보다 나쁜 상황은 생기지 않을 거야.
상상 속의 고통은 가능한 한 받지 말자.
↓
손바닥 아래부터 긍정적인 따뜻한 기운이 차올라
나쁜 기운을 녹여버리는 상상을 해봅시다.
↓
숨을 깊게 들이마십니다.
좋지 않은 일이 생길까 봐 긴장감을
내쉬는 숨에 모두 뱉어냅니다.

**NO**

다음 페이지로 넘어가도 좋습니다.

Q.

어떤 일을 준비할 때
놓치는 게 있을까 봐 불안한가요?

**YES**

펜을 준비하세요.
(다음 페이지를 넘겨보세요.)
↓
일의 준비 과정에서 필요한
중요한 일을 세부 목록으로 만듭니다.
↓
일의 우선순위를 매깁니다.
↓
가장 먼저 해야 할 일부터
지금 바로 시작합니다.

**NO**

다음 페이지로 넘어가도 좋습니다.

| (       )을 하기 위해서 필요한 일은 무엇인가요? |
| :--- |

○

○

○

○

○

○

○

○

○

○

√ 머릿속에 떠오르는 것들을 모두 무작위로 적어봅시다.

## 중요도에 따라 다시 정리해볼까요?

① 

② 

③ 

④ 

⑤ 

⑥ 

⑦ 

⑧ 

⑨ 

⑩ 

√ 앞선 페이지에 적어놓은 목록들을 읽어보며 중요한 순서에 따라 목록
  을 다시 작성해보세요. 그리고 1번부터 바로 실행해봅시다.

# Q.

어떤 일의 결과를 앞두고
신경이 곤두서 있나요?

## YES

무엇 때문인지 생각해보세요.
↓
다음 문장을 소리 내어 읽으세요.
(주변에 사람이 있다면 속으로 읽어도 좋습니다.)
결과에 대한 집착을 모두 내려놓자.
복잡한 생각의 고리도 끊어버리자.
어떤 일이 일어나도 나는 괜찮을 거야.
↓
숨을 깊게 들이마십니다.
내쉬는 숨에 긴장감을 모두 털어냅니다.

▶ 어느 한쪽으로 결론이 날 일에 신경을 쓰다 보면 마음이 불안해질 수 있어요. 아직 실제로 일어나지는 않았
지만 무언가를 놓칠 것 같은 두려움을 느낄 때, 이 감정을 떨쳐내면 한결 기분이 좋아집니다.

## NO

다음 페이지로 넘어가도 좋습니다.

# Q.

무엇이든 완벽하게
해내려고 하나요?

일을 완벽하게 해내는 것보다
끝내는 것이 더 중요하다는 점을 기억하세요.
↓
아래의 예처럼 일을 끝내야 하는 시점을
스스로 명확히 정하고 다짐합시다.
나는 무조건 40분 안에
이 프로젝트를 끝내기로 약속합니다.

**NO**

다음 페이지로 넘어가도 좋습니다.

# Q.

몸이 굳어버리는 느낌이
들 때가 있나요?

자리에서 일어나세요.
↓
팔을 흔듭니다.
↓
다리를 흔듭니다.
↓
엉덩이를 씰룩씰룩 움직입니다.
↓
원을 그리며 돕니다.
↓
머리 위를 올려다보고
긍정적인 에너지를 들이마십니다.
↓
내쉬는 숨에 갇혀 있는 듯한 느낌을 떨쳐내세요.

▶ 몸이 마비된 느낌이나 답답한 곳에 갇힌 듯한 느낌은 불안한 상태에서 흔히 나타나는 증상입니다.

NO

다음 페이지로 넘어가도 좋습니다.

# Q.

불안한 느낌이 들면
입이 바짝바짝 마르나요?

마실 물과 컵을 준비합니다.
↓
컵에 물을 가득 채웁니다.
↓
컵에 담긴 물을
천천히 다 마십니다.

▶ 사람들은 마음이 불안할 때 입으로 호흡하는 경우가 많은데 이 때문에 침이 마를 수 있어요. 이때 자리에서 일어나 컵에 물을 따르는 행동을 함으로써 불안한 생각에서 잠시 눈을 돌릴 수 있습니다. 그러고 나서 물을 마시면 입안까지 촉촉해져서 몸과 마음이 모두 진정됩니다.

NO

다음 페이지로 넘어가도 좋습니다.

# Q.

머릿속으로 특정 상황이나 대화를
반복 재생하고 있나요?

**YES**

그 상황이나 대화를 머릿속에 떠올리세요.

↓

이제 아래 문장을 소리 내어 읽습니다.

(주변에 사람이 있다면 속으로 읽으세요.)

이제 그 상황에서 했던 내 행동과 말, 태도를 용서하자.

그 당시의 나는 내가 할 수 있는 선에서 최선을 다했어.

꼭 필요한 교훈을 얻었으니

이제 한 발 더 앞으로 나아갈 수 있을 거야.

↓

숨을 깊게 들이마십니다.

↓

내쉬는 숨과 함께

자책하고 후회하는 마음을 모두 내려놓습니다.

▶ 지나간 일을 떠올리며 후회하는 일이 있죠. 이전에 내가 했던 실수를 떠올리며 불안감이 높아져서 일어나는 일입니다.

**NO**

다음 페이지로 넘어가도 좋습니다.

# Q.

갑자기
초조하다는 느낌이 드나요?

Panic Button

지금 불안하다면 바로 해소할 수 있는
50가지 방법을 알려드립니다

눈에 보이지 않는 바이러스에 대한 공포와 아무것도 할 수 없는 무력감으로 안갯속을 걷는 것 같은 일상을 보낸 지 3년째. 대면 만남이 줄어들면서 서로의 감정을 자연스럽게 털어놓을 수 있는 자리를 갖는 것도 어려워졌지요. 재택근무, 온라인 수업이 일상화되면서 이전에 없던 불안감을 호소하는 사람들이 많아졌습니다.

갑자기 불안감이 엄습해올 때 어떻게 대처해야 할지 아는 사람이 몇이나 될까요? 이 책의 제목 『패닉 버튼Panic Button』은 위험을 알리기 위해 누르는 비상 버튼을 의미합니다. 평소라면 불안감을 느끼지 않을 상황에도 가슴이 뛰거나 호흡이 가빠지는 느낌을 한 번이라도 받은 적이 있다면 이 책을 가까이 두시기를 권합니다. '패닉 버튼'이 필요한 상황마다 마음만 먹으면 바로 해볼 수 있고 불안을 잠재울 수 있는 방법을 알려드릴게요.

자리에서 일어나세요.

↓

불안감을 털어낸다는 생각으로 다음과 같이 해봅시다.

- 오른다리를 털어내듯 흔듭니다.
- 왼다리를 털어내듯 흔듭니다.
- 엉덩이를 털어내듯 흔듭니다.
- 오른팔을 털어내듯 흔듭니다.
- 왼팔을 털어내듯 흔듭니다.
- 머리를 털어내듯 흔듭니다.
- 몸 전체를 털어내듯 흔듭니다.

↓

남은 하루 동안 집중하고 싶은 일
1가지를 떠올려보세요.

↓

숨을 깊게 들이마십니다.
내쉬는 숨에 초조한 마음을 모두 털어냅니다.

↓

오늘 집중해야 할 일 1가지를 바로 시작하세요.

▶ 우울한 기분이 계속해서 쌓이면, 자극에 예민해지거나 짜증을 잘 내고 불안하고 초조해질 수 있어요. 그런 기분을 떨쳐내지 않으면 결국 음식이나 술 등 도움이 되지 않는 해결책에 기대게 됩니다. 규칙적으로 가볍게 몸을 움직이면 이런 기분을 가장 빠르게 잠재울 수 있어요.

NO

다음 페이지로 넘어가도 좋습니다.

# Q.

해야 할 일을
자꾸 미루거나 집중하기 어렵나요?

YES

펜을 준비하세요.
(다음 페이지를 넘겨보세요.)
↓
다음 문장을 완성해보세요.
↓
(　　) 소리가 들린다.
(　　) 냄새가 난다.
(　　) 촉감이 느껴진다.
(　　)(이)가 보인다.
(　　) 맛이 난다.
↓
그래도 집중하기가 어렵나요?
↓
꼭 해야만 하는 일들 중에
하기 싫은 일을 몇 가지만 생각해봅시다.
그중에서 가장 재미없는 일을 당장 시작해봅시다.
↓
최대한 그 일에 집중해보세요.

NO

다음 페이지로 넘어가도 좋습니다.

▶ 괄호 안을 채워 아래 문장을 완성하고 소리 내어 읽거나 눈으로 천천히 읽어보세요.

(                    ) 소리가 들린다.

(                    ) 냄새가 난다.

(                    ) 촉감이 느껴진다.

(                    )(이)가 보인다.

(                    ) 맛이 난다.

✓ 흩어진 집중력을 다시 현재로 되돌리기 위한 연습입니다.

▶ 꼭 해야 해야만 하는 일들 중에 하기 싫은 일 5가지를 적어
봅시다.

❶

❷

❸

❹

❺

# Q.

기분이 괜찮지 않은데도
괜찮은 척하는 편인가요?

속마음을 이야기할 수 있는 친구에게
전화를 하거나 그게 어렵다면 메시지를 보내세요.

↓

다음과 같이 이야기해보는 겁니다.
내가 지금 잘 지내고 있는 것처럼 보여도
사실은 힘든 상태라는 걸 말하고 싶어서 연락했어.
어떻게 하면 좋을지 모르겠어. 우리 얘기 좀 할 수 있을까?

▶ 이것을 사회적 가면masking이라고 불러요. 사회적 가면은 문제를 일으키지 않고 싶거나 연약한 모습을 보이고 싶지 않아 진짜 감정을 숨길 때 나타납니다.

다음 페이지로 넘어가도 좋습니다.

# Q.

지금의 당신이 연약하고
무너져 내릴 것 같다고 느끼나요?

숨을 깊게 들이마셨다가 내쉬는 심호흡을 3번 합니다.
↓
주변에 있는 두꺼운 담요나 점퍼를
머리 끝까지 덮습니다.
↓
'해야 할 일'들을 머릿속으로 가만히 떠올려 봅시다.
그중 하나를 목록에서 과감히 지웁니다.
↓
계속해서 깊게 호흡하면서 5분 동안
느린 동작으로 하는 호흡에 집중해봅니다.
↓
숨을 깊게 들이마십니다.
내쉬는 숨과 함께 피로감을 모두 털어냅니다.

**NO**

다음 페이지로 넘어가도 좋습니다.

# Q.

이유 없이 무기력하고
지쳐 있나요?

**YES**

자리에서 일어나 아무도 없는 공간으로 이동합니다.
(그런 공간이 없다면 화장실도 괜찮습니다.)

↓

눈을 감아보세요.

↓

스스로 안아주고 다음과 같이 조용히 속삭입니다.
너는 나의 최고 우선순위야.
나는 너를 사랑해. 다시 한번 힘을 내 보자.

↓

스스로 힘을 낼 수 있게 도와주는 활동 중에서
내일 바로 할 수 있는 일을 골라보세요.
예를 들면, 아침 산책이나 5분 명상,
가고 싶지 않았던 만남을 취소하는 일 등이 있습니다.

**NO**

다음 페이지로 넘어가도 좋습니다.

# Q.

원하는 결과가 나오지 않을까 봐
조급한 마음이 드나요?

YES

원하는 결과에 한 발짝 더 다가가기 위해
필요한 일을 모두 끝냈나요?

| YES | NO |
|---|---|
| 스스로에게 아래 문장을 읽어주세요. | 가장 먼저 해야 할 일을 떠올려보세요. |
| 내가 할 수 있는 일은 다 했어. 인생에는 타이밍이 있고, 그때가 바로 이 순간이라는 믿음을 갖자. | 숨을 깊게 들이마십니다. 내쉬는 숨에 조급한 마음을 모두 털어냅니다. |
| 숨을 깊게 들이마십니다. 내쉬는 숨에 조급한 마음을 모두 털어냅니다. | 가장 먼저 해야 할 일부터 일단 시작해보세요. |

NO

다음 페이지로 넘어가도 좋습니다.

# Q.

누군가가
당신의 기대에 못 미치나요?

당신의 기대치가 현실적이고 관대한가요?

**YES**

그 사람들에게
어느 부분이 부족한지
솔직하게 이야기해 줍니다.

**NO**

그들도 사람이라는
사실을 기억하고
기대치를 절반으로 낮추세요.

**NO**

다음 페이지로 넘어가도 좋습니다.

# Q.

스스로 세운 기대치에
못 미치나요?

지금 당신의 몸에서 힘을 주고 있는 부위가
어디인지 살펴보세요. (예: 턱 근육)
숨을 들이마시고 내쉬는 숨에 힘을 뺍니다.

↓

다음과 같이 스스로에게 격려의 말을 해주세요.
자신에 대한 기대치를 조금 낮춰도 괜찮아.
너도 사람이잖아.
늘 최고의 성과를 거둘 수 없어.
네가 원하는 수준에 이르지 못했다는 걸
알지만 그래도 괜찮아.
이제 숨 돌릴 시간을 갖자.

↓

격려의 말을 마친 뒤에 하고 있던 일을 멈추고
자신에게 의식적으로 숨 돌릴 시간을 주세요.

다음 페이지로 넘어가도 좋습니다.

# Q.

사람들에게 인정받지 못할까 봐
불안한가요?

YES

지금 하고 있는 일을
나 자신을 위해서도 하고 싶은가요?

**YES**

다른 사람에게 인정받고 싶은
압박감을 인정합니다.
숨을 깊게 들이마십니다.

↓

내쉬는 숨에 이 압박감을
털어냅니다.

↓

스스로 느끼는 만족감이나
일의 가치를
마음속에 새기며
계속해서 일을 합니다.

**NO**

어디까지 했든
하던 일을 멈춥니다.
기억하세요.
당신의 노력이나 선택은
다른 사람의 기준을
만족시키지 않아도 괜찮습니다.

NO

다음 페이지로 넘어가도 좋습니다.

# Q.

가면을 쓰고 행동했다는
생각이 들어서 괴롭나요?

**YES**

어떤 상황일 때 괴로운지 생각해봅시다.
↓
펜을 준비하세요.
(다음 페이지를 넘겨보세요.)
↓
이제 다음과 같이 스스로 질문합니다.
· 나는 왜 (      )할 자격이 있을까?
↓
이 질문에 대해 구체적이고 논리적인
답변 5가지를 목록으로 만듭니다.
↓
숨을 깊게 들이마십니다.
내쉬는 숨에 두려움을 모두 떨쳐냅니다.

▶ '가면증후군Imposter syndrome'은 자신의 능력에 대해서 의심하며 언젠가 무능함이 드러나지 않을까 걱정하는 심리 상태입니다. 이런 생각이 들면 불안하고 초조해집니다.

**NO**

다음 페이지로 넘어가도 좋습니다.

나는 왜 (                    )할 자격이 있을까?

나는 왜 (                    )할 자격이 있을까?

나는 왜 (                    )할 자격이 있을까?

나는 왜 (                    )할 자격이 있을까?

나는 왜 (                    )할 자격이 있을까?

나는 왜 (                    )할 자격이 있을까?

나는 왜 (                    )할 자격이 있을까?

√ 괄호 안에 특정 상황을 넣어보세요. 예를 들어, '이 사람들에게 발표', '이 데이트를', '지구상에 존재' 등의 말을 넣어봅니다.

▶ 괄호 안을 채운 질문들 중 하나를 골라 질문에 대한 구체적인 대답을 5가지 이상 적어봅시다.

**1**

**2**

**3**

**4**

**5**

**6**

**7**

**8**

**9**

**10**

# Q.

자신을 다른 사람과
자꾸 비교하나요?

자신과 비교하고 있는 사람을
머릿속에 떠올려 봅니다.

↓

내가 원하는 것을 갖고 있는
사람과 자신을 비교하면
그 열망이 더 높아진다는
사실을 기억하세요.

↓

묘한 기분이 들 수도 있지만
마음속으로 이렇게 말해봅시다.
(상대방 이름)에게
네가 (그 사람이 성취한 일)해서
매우 기뻐. 정말 멋지다. 축하해.

▶ 직접 아는 사람이라면, 그리고 기분이 괜찮다면 전화나 메시지로 그 사람에게 좋은 일이 생겨서 기쁘다고
전해보세요.

다음 페이지로 넘어가도 좋습니다.

# Q.

허공 위를 걷는 것 같이
불안한 마음이 드나요?

머릿속으로 지구의 중심을 그려보세요.
↓
지구의 중심에서 커다란 밧줄이 나와
당신의 허리를 묶고 당신을
지구에 고정시키는 상상을 해봅니다.
↓
숨을 들이마셨다가 내뱉으며
밧줄을 더 단단하게 묶는 상상을 해봅니다.

(5번 반복합니다.)

▶ 가능하다면 신발을 벗고 5분 동안 맨발로 땅 위를 걸어보세요. 땅(그리고 자연)과 멀어지면 어지러운 느낌이
들 수 있어요. 땅 혹은 지면을 밟는 일은 몸과 마음의 건강에 중요한 요소입니다.

NO

다음 페이지로 넘어가도 좋습니다.

# Q.

사소한 일도 결정을
내리기가 힘든가요?

YES

펜을 준비하세요.
(다음 페이지를 넘겨보세요.)
↓
결정해야 할 일이 무엇인지부터 적어봅니다.
↓
10분 정도 이 책을 멀리 둡시다.
따뜻한 차 같은 마음에 안정을 주는
음료를 만들어 천천히 마십니다.
↓
결정을 내립니다.

NO

다음 페이지로 넘어가도 좋습니다.

▸ 지금 결정해야 하는 일이 있다면, 먼저 어떤 일인지 적어봅시다.

▸ 결정을 방해하는 요소들이 있다면 그 이유에 대해서도 적어봅시다.

√ 10분 정도 이 책을 멀리 둡시다. 따뜻한 차를 마셔도 좋고 잠시 바람을 쐬는 것도 좋습니다.

▶ 마음을 결정했다면(아직 결정하지 못했다면 다음 페이지로 넘어가도 좋습니다.) 그 이유에 대해서 적어봅시다.

- 
- 
- 
- 
- 
- 
- 
- 
- 
-

# Q.

다른 사람의 감정의 무게가 느껴져
눈물을 글썽거리나요?

소리 내어 다음과 같이 말합니다.
온전히 내 것이 아닌
무거운 감정이나 기분은
내쉬는 숨에 모두 털어내자.
↓
숨을 깊게 들이마십니다.
내쉬는 숨에
다른 사람의 감정과 기분을
몸 밖으로 내보냅니다.

▶ 타인의 감정에 공감하는 사람들은 자신도 모르는 사이 다른 사람의 감정을 자신의 감정처럼 느끼는 경우가 많습니다. 이런 민감성 때문에 몸이 짓눌리는 듯한 느낌을 받거나 단순한 일상생활을 하기 힘든 경우도 생깁니다.

**NO**

다음 페이지로 넘어가도 좋습니다.

# Q.

내가 하지 않으면 안 될 것 같아서
부담스럽고 버거운 일이 있나요?

**YES**

나이가 지긋하고 지혜로운 누군가가
당신에게 이야기하듯
아래 문장을 천천히 읽어보세요.
그 일은 반드시 네가 해야 하는 일은 아니야.
오늘 네가 할 일은 스스로를 잘 보살펴주는 거야.
내일이 되어도 하는 게 좋겠다는 생각이 든다면
작은 일부터 하나씩해나가면 되는 거야.
↓
숨을 깊게 들이마십니다.
내쉬는 숨에 과도한 책임감을 털어냅니다.

▶ 책임감이 강하거나 무엇이든 바로잡고 싶은 성향이라면 이런 생각이 들 수 있어요. 그 일은 당신의 일이 아닙니다. 그 일 때문에 자기 관리에 소홀하거나 자신을 돌보지 못하게 될 수도 있어요. 다른 사람을 구해주려는 생각을 버리고, 문제를 직접 해결해주기 보다는 도움을 준다는 마음으로 임하세요.

**NO**

다음 페이지로 넘어가도 좋습니다.

# Q.

휴대폰을 내려놓거나
텔레비전의 전원을 끄기가 힘든가요?

**YES**

가능하다면 휴대폰과 컴퓨터, 텔레비전 등
모든 기기의 전원을 꺼봅시다.

↓

머리 위에 있는 조명을 끄거나
어둡게 조절합니다.

↓

앉거나 누울 공간을 찾습니다.
두 손을 배 위에 올립니다.

↓

두 손 아래 압력의 변화를 느끼면서
천천히 배로 숨을 들이마셨다가 내쉽니다.
7번 반복합니다.

↓

잠들 시간이라면
눈을 살짝 감고 7번 반복합니다.

**NO**

다음 페이지로 넘어가도 좋습니다.

# Q.

아직도 불안한 느낌이
남아 있나요?

YES

불안정한 느낌이 어떤 것과 관련이 있는지
확신이 서지 않나요?

↓

오른손 새끼손가락 아래 손등의 가장자리를
왼손으로 가볍게 두드립니다.

↓

두드리면서 3번 소리 내어 다음과 같이 말합니다.
무엇 때문에 불안정한 느낌이 드는지 모르겠지만,
나는 나 자신을 깊이, 그리고 완전히 받아들일 거야.

↓

계속해서 두드리면서 이렇게 말합니다.
아직도 거쳐야 할 일이 남아있을지 모르지만
지금까지의 노력이 정말 자랑스러워.

↓

두드리는 동작을 멈춥니다.
숨을 들이마셨다가 내쉽니다.

NO

당신은 충분히 잘하고 있습니다.
일상에서 느끼는 불안과 걱정을 해소하기 위해
이렇게 노력하고 있으니까요.

다가올 내일의 출근이 두려운가요?
혼자 일을 처리해야 할 때 긴장되나요?
사회생활은 우리에게 에너지를 부어주기도 하지만
오히려 에너지를 고갈시키기도 하죠.
업무에 대한 두려움이 있거나,
동료들과 소통이 어렵다면
다음 페이지를 넘겨서 패닉 버튼을 누르고
긴장을 풀어보세요.

사회생활 속 긴장

# Q.

공식적인 자리에서
사람들과 대화할 때 긴장되나요?

편안하게 대화할 수 있는 주제 3가지를 떠올려보세요.
여행이나 최근에 본 영화, 아니면 날씨도 괜찮아요.

↓

각 주제에 대해 말문을 열 수 있는 질문을 만듭니다.
다음의 예를 살펴보세요.

저는 최근에 (　　　)을(를) 봤어요. (　　　) 씨도 보셨나요?

↓

말문을 여는 질문 3가지를 머릿속에 새기고,
대화 소재가 떨어지면
이 질문을 활용할 수 있다는 사실을 기억합니다.

↓

숨을 깊게 들이마십니다.
내쉬는 숨에 긴장감을 모두 털어냅니다.

다음 페이지로 넘어가도 좋습니다.

# Q.

사람들 앞에서
발표를 앞두고 긴장되나요?

## YES

충분히 연습했다면 눈을 감고
좋은 결과를 거두는 상황을 머릿속에 그려봅니다.
↓
숨을 깊게 들이쉽니다.
내쉬는 숨에 긴장감을 모두 털어냅니다.
↓
발표 시작 전, 자신감 있는 자세로 서서
미소를 짓고 심호흡을 합니다.
그리고 가까운 곳에 마실 물을 준비해 두세요.

## NO

다음 페이지로 넘어가도 좋습니다.

# Q.

다가올 내일의 출근이
두려운가요?

**YES**

펜을 준비하세요.
(다음 페이지를 넘겨보세요.)
↓
두려움을 줄여줄 수 있는 일 중에
출근 전에 할 수 있는 작은 일
1가지를 정하세요.

예를 들면, 기분이 좋아지는 옷을 입기
어깨를 활짝 펴고 회사로 들어가기 등이 있어요.
(출근 전에 할 수 있는 기분 좋은 일 목록을 만들어 보는 것도 좋습니다.)

**NO**

다음 페이지로 넘어가도 좋습니다.

▶ 내일 출근하기 싫은 이유를 친구에게 이야기하듯 솔직하게
  적어봅시다.

▶ 출근 전에 할 수 있는 아주 간단하지만 기분 좋아지는 일을 적어봅시다.

- 
- 
- 
- 
- 
- 
- 
- 
- 

√ 출근이 두려운 아침마다 위의 적은 일 중에 1가지씩을 정해서 실행해보면 어때요?

# Q.

어떤 일을 혼자 힘으로만
처리해야 할 때 긴장되나요?

**YES**

이전에 했던 비슷한 일 중에서
스스로 잘 해냈던 일을 머릿속에 떠올려 봅시다.
↓
예전에도 비슷한 일을 잘 해냈다는 사실을 되새깁니다.
↓
다음 문장을 소리 내어 읽어보세요.
(주변에 사람이 있다면 속으로 읽어도 좋습니다.)
긴장하는 건 괜찮아.
하지만 이번에는 두려운 마음이
내 일을 방해하지 못하게 할 거야.
나는 용감하고 자신감이 넘쳐.
↓
용기를 들이마시듯 숨을 들이마십니다.
내쉬는 숨에 긴장감을 털어냅니다.

**NO**

다음 페이지로 넘어가도 좋습니다.

# Q.

사람들이 많은 공간에 들어갈 때
걱정하나요?

**YES**

눈을 감고 예전에 갔던 곳 중에서
행복을 느끼고 안정감이 들었으며
안전했던 장소를 떠올립니다.

↓

마음이 차분해지면
이제 내가 들어갈 그 공간을
머릿속에 서서히 떠올립니다.

↓

계속해서 심호흡을 합니다.

↓

그래도 불안한 느낌이 계속해서 든다면
행복했던 장소를 천천히
머릿속으로 다시 떠올려봅시다.

↓

이제 눈을 뜹니다.

**NO**

다음 페이지로 넘어가도 좋습니다.

# Q.

어려운 업무 대화를 앞두고
긴장되나요?

## YES

펜을 준비하세요.
(다음 페이지를 넘겨보세요.)
↓
자리에 앉아서 최대한 할 수 있는 데까지
대화 내용을 구상합니다.
↓
예상되는 반응이나 의견 충돌을 적은 후,
그에 대한 답변을 생각해봅니다.
↓
이 대화를 통해 얻고 싶은
가장 이상적인 결과가 무엇인지 생각합니다.
↓
숨을 깊게 들이마십니다.
내쉬는 숨에 걱정스러운 마음을 모두 털어냅니다.

## NO

다음 페이지로 넘어가도 좋습니다.

▶ 상상할 수 있는 범위에서 예상되는 대화의 내용을 적어봅시다.

▶ 상상할 수 있는 범위에서 예상되는 반응이나 의견 충돌을 적어보고 그에 대한 답을 적어봅시다.

▶ 이 대화를 통해 내가 얻고 싶은 가장 이상적인 결과가 무엇인지 적어봅시다.

# Q.

예상하지 못한 상황이 벌어지면
심하게 당황하나요?

**YES**

지금 느끼는 어색하고
당황스러운 감정을 받아들입니다.

↓

1년이 지났다고 가정하고
지금의 감정을 다시 떠올립니다.
다른 관점에서 살펴보고
무엇을 배웠는지 생각해봅시다.

↓

다음 문장을 소리 내어 읽습니다.
(주변에 사람이 있다면 속으로 읽으세요.)
나는 나 자신을 있는 그대로 받아들입니다.

↓

숨을 깊게 들이마십니다.
내쉬는 숨에
당황스러운 감정을 모두 털어냅니다.

▶ 당황스러운 감정은 우리가 받아들일 수 없는 느낌에 대해 몸과 마음이 반응하는 것입니다. 이때 얼굴이 붉어지거나, 땀을 흘리거나, 말을 더듬거나, 안절부절 못하는 등 여러 증상이 나타날 수 있어요. 심호흡을 하면 신체적 증상을 완화하는 데 도움이 돼요.

**NO**

다음 페이지로 넘어가도 좋습니다.

Q.

다른 사람에게 도움을 요청해야 할 때
머릿속이 하얘지나요?

## YES

정확히 어떤 종류의 도움이
필요한지부터 파악합니다.

↓

당신에게 답을 주거나 도움을 줄 수 있는
사람이 누구인지 생각해봅니다.

↓

그 사람에게 도움을 구할 때
가장 좋은 방법을 선택합니다.
직접 만나거나 전화를 걸거나
메시지 혹은 이메일을 보낼 수 있겠죠.

↓

선택한 방법으로 도움을 요청합니다.

▶ 누군가에게 도움을 청하는 일은 나약한 행동이 아니라는 것을 기억하세요. 도움을 요청하는 행동은 엄청
난 용기가 필요한 일입니다.

## NO

당신은 충분히 잘하고 있습니다.
사회생활을 하며 느끼는
긴장과 두려움을 해소하기 위해
이렇게 노력하고 있으니까요.

가족과의 대화에서 오해가 생기나요?
가족과의 관계를 생각하면 답답한 마음이 드나요?
이 소중한 존재들에 대한 깊은 애정이
오히려 관계를 흔들리게 만들기도 합니다.
가족과의 관계에서 어긋나는 느낌이 들어 걱정스럽다면
다음 페이지를 넘겨서 패닉 버튼을 누르고
마음의 안정을 되찾아보세요.

가족 관계 속 걱정

# Q.

가족 중
불편한 사람이 있나요?

**YES**

숨을 깊게 들이마십니다.
숨을 길게 내쉽니다.
↓

펜을 준비하세요.
(다음 페이지를 넘겨보세요.)
↓

불편한 마음이 드는 가장 큰 이유를 적어봅니다.
그 행동 때문에 내 기분이 어땠는지 적습니다.
상대방이 왜 그렇게 행동했는지 추측해보고
가장 그럴듯한 이유를 적습니다.
↓

적어놓은 목록을 5분 정도
옆에 치워두고 다른 일을 합니다.
↓

가능하다면
이 목록을 가지고 대화를 나눠봅시다.

**NO**

다음 페이지로 넘어가도 좋습니다.

▶ 그 사람에게 불편한 마음이 드는 가장 큰 이유를 하나 적어 봅시다.

▶ 그런 행동을 했을 때 어떤 기분이 들었나요?

▸ 그다음엔 그 사람이 왜 그런 행동을 했는지 생각해봅시다.
  그리고 그 이유도 적어봅시다.

●

●

●

●

●

●

●

●

●

√ 잠시 시간을 가지고 마음이 진정된 후, 적어놓은 목록을 보며 대화를 나
  눠봅시다.

# Q.

나도 모르는 사이 가족에게
화를 내고 있나요?

**YES**

어떤 일 때문에 화가 나는지
생각해봅시다.

↓

눈을 감습니다.

↓

불만스러운 상황을 눈앞에 내뱉는 느낌으로
의식적으로 숨을 크게 내쉽니다.

↓

이제 그 상황이 눈앞에 있습니다.
이 상황에서 느끼는 감정을 떠올린 후,
이 감정이 흩어져 사라지는 상상을 합니다.

↓

숨을 깊게 들이쉽니다.
내쉬는 숨에 불만을 모두 털어냅니다.

**NO**

다음 페이지로 넘어가도 좋습니다.

# Q.

가족과의 대화에서
오해가 생기나요?

**YES**

잠시 양해를 구하고 5분 정도
그 자리에서 벗어납니다.

↓

숨을 깊게 들이마십니다.
내쉬는 숨에 답답한 마음을 모두 털어냅니다.

↓

가족 구성원과 다음 순서에 따라
대화를 이어가기로 합의합니다.

- 상대방이 이야기하는 동안 듣기로 약속합니다.
- 듣는 사람은 "(        )이 한 말을 내가 이해하기로는 (        )인데"로
시작하며 상대방의 이야기를
자신의 말로 풀어 반복한 후 답을 합니다.
- 서로 바꾸어 계속해서 대화합니다.

**NO**

다음 페이지로 넘어가도 좋습니다.

# Q.

사소한 일부터 큰일까지
생각이 달라서 부딪히나요?

구체적으로
어떤 생각의 차이가 있는지 파악한 후,
다음과 같이 행동합니다.

↓

아무리 가족이라고 해도
우리 모두는 다른 사람이기 때문에
차이가 있을 수밖에 없다는
사실을 받아들입니다.

↓

타인의 도움이 필요한 일이라면
그렇게 하고 최대한 충돌을 피합니다.

↓

다음과 같이 대화하며
차이를 줄여나려는 노력을 해봅니다.
(      )이 (      )하면/하지 않으면,
나는 기분이 (      ).
그 대신 (      )하는 건 어떨까?

NO

다음 페이지로 넘어가도 좋습니다.

# Q.

가족이 나를 너무 간섭하는 것 같은
기분이 드나요?

YES

가족 중 누군가가
당신의 영역을 침범하는 것 같군요.
새롭게 경계선을 긋고 싶거나
이미 존재하는 경계선을 확실하게 해 두고 싶다면
어떤 상황에서 침범당하는 느낌이 드는지 확인합니다.

↓

예전에 있었던 상황에서
가족 구성원이 어떤 행동을 하기를
원했었는지 생각합니다.

↓

가족 구성원에게 다음과 같이 말합니다.
(     )이 (     )하면/하지 않으면,
나는 기분이 (     ).
앞으로는 (     )해 줄 수 있을까?

NO

다음 페이지로 넘어가도 좋습니다.

# Q.

가족과의 관계를 생각하면
답답한 마음이 드나요?

**YES**

두 손을
가슴 위에 올립니다.
↓
스스로에게
다음과 같은 질문을 합니다.
이 관계가 지금 나에게 괜찮은 걸까?
↓
눈을 감고 심장과 마음이
전하는 소리를 들어봅니다.

**NO**

다음 페이지로 넘어가도 좋습니다.

# Q.

가족이 나를 싫어할까 봐
걱정되나요?

**YES**

펜을 준비하세요.
(다음 페이지를 넘겨보세요.)
↓
자신의 장점 몇 가지를 떠올립니다.
예를 들면, 당신은 사려 깊고,
다른 사람의 이야기에 귀를 기울이며,
재미있는 사람입니다.
↓
당신에게 훌륭한 면이 있다는
사실을 되새깁니다.
↓
가족이 나를 싫어한다면
그 이유가 무엇인지 생각해봅시다.
↓
그리고 함께 이야기를 나눌 시간을 정합니다.
↓
숨을 깊게 들이마십니다.
내쉬는 숨에 걱정을 모두 털어냅니다.

**NO**

다음 페이지로 넘어가도 좋습니다.

▸ 자신의 장점을 생각나는 대로 적어봅시다. 많을수록 좋아요.

- 
- 
- 
- 
- 
- 
- 
- 
- 
-

▶ 그럼에도 가족이 나를 싫어할까 봐 걱정되는 이유를 솔직
하게 적어봅시다.

- 

- 

- 

- 

- 

- 

- 

- 

- 

√ 자신이 솔직하게 쓴 대답을 천천히 읽어본 뒤 가능하면 대화의 시간을
가져보세요.

# Q.

가족의 역할을 제대로
하지 못하고 있는 것 같아
죄책감이 드나요?

YES

가족 내 나의 역할에
정답이 있는 것은
아니라는 사실을 되새깁니다.
↓
펜을 준비하세요.
(다음 페이지를 넘겨보세요.)
↓
내가 정말 잘하고 있다고
생각하는 것 5가지를 적어보세요.
↓
그 목록을 천천히 읽어봅시다.
↓
들이마시는 숨에
당신이 할 수 있는 최선을 다해
가족 구성원의 역할을 하고 있다는
사실을 받아들입니다.
내쉬는 숨에
의구심을 모두 털어냅니다.

NO

다음 페이지로 넘어가도 좋습니다.

▶ 가족 내에서 내가 정말 잘하고 있다고 생각하는 것 5가지를 적어봅시다.

**❶**

**❷**

**❸**

**❹**

**❺**

▶ 최선을 다해 살아가는 중인 자신에게 하고 싶은 이야기가 있다면 자유롭게 적어봅시다.

# Q.

도무지 쉴 틈이 없어
뼈가 쑤실 정도로 피곤한가요?

**YES**

자신을 은행 계좌라고 생각해보세요.
돈을 정기적으로 입금하는 사람이 있는가 하면,
또 가능할 때 조금씩 입금하는 사람도 있습니다.
당신이 두 번째 유형의 사람이라고 생각해봅시다.
단 1분이라도 휴식하거나 잠을 자면
은행에 돈을 저축해 둔 셈입니다.
바라던 저축 계획은 아니더라도
어쨌든 돈을 모으고 있다는 사실을 기억하세요.

↓

숨을 깊게 들이마십니다.
내쉬는 숨에 기력이 떨어져 느끼는
좌절감을 모두 털어냅니다.

**NO**

다음 페이지로 넘어가도 좋습니다.

# Q.

내 아이를 숨 막히게 할까 봐
걱정되나요?

**YES**

흔히 이런 생각을 많이 합니다.
그러나 아이들의 모든 행동이
전부 부모의 영향 때문은 아니라는 것을
받아들이고 마음을 편하게 갖습니다.
↓
가슴 위에 두 손을 얹고
스스로에게 이렇게 말합니다.
내가 최선을 다하더라도
우리 아이들의 발달 중 일부는
내가 어떻게 할 수 있는 일이 아니야.
아이들도 각자 생각이 있는 인격체야.
최선을 다하되 아이들을 완벽하게 키우려는
압박에서 벗어나서 아이들의 생각을 존중해주자.
↓
숨을 깊게 들이마십니다.
내쉬는 숨에 근심을 털어냅니다.

**NO**

다음 페이지로 넘어가도 좋습니다.

# Q.

당신의 육아 방식에 대해
평가받는 기분이 드나요?

**YES**

누가 당신을 평가하고 있다고
느끼는지 생각해봅시다.

↓

자존심을 잠시 내려두고
그 사람들의 생각에
지혜가 담겨있지는 않은지 살펴봅니다.
만약 그렇다면 그 생각을 받아들입니다.

↓

그렇지 않다면 스스로에게 이렇게 말합니다.
(      )한 기분이 들긴 하지만,
이제부터 내 육아 방식에 대한
다른 사람의 의견을
내 머릿속에서 날려버릴거야.

↓

숨을 깊게 들이마십니다.
내쉬는 숨에 다른 사람의 의견을
모두 날려버립니다.

↓

숨을 깊게 들이마십니다.
내쉬는 숨에
육아를 하며 내린 결정을
자책하는 마음을 모두 날려버립니다.

**NO**

다음 페이지로 넘어가도 좋습니다.

# Q.

삶에서 중요한 것들을 놓치며
살고 있다는 생각이 드나요?

펜을 준비하세요
(다음 페이지를 넘겨보세요.)
↓
아래 목록에서 당신에게
가장 중요한 핵심 가치를 5가지 이상 표시해보세요.
↓
선택한 핵심 가치를 염두에 두고
한 주가 어떻게 지나가는지 관찰해봅시다.
↓
선택한 가치와 관찰한 내용을 바탕으로
어떤 일을 더 많이 하고,
어떤 일을 줄이고 싶은지 정합니다.
↓
그 결과에 따라 중요하지 않은 일은
가능하다면 다른 사람에게 맡겨도 좋습니다.
내게 중요한 것들을 우선순위에 둔 삶으로 가까이 가봅시다.

▶ 핵심 가치 체크 리스트
모험, 진정성, 사업, 커리어, 공동체, 창의성, 에너지, 신뢰, 가족, 자유, 행복, 조화, 건강, 포용, 독립, 배움, 사랑, 존경, 안전, 영성, 여행, 부

**NO**

다음 페이지로 넘어가도 좋습니다.

▸ 앞 페이지에서 표시한 당신의 핵심 가치는 무엇인가요? 각각의 키워드를 적어보고 핵심 가치라고 생각하는 이유에 대해서도 간단하게 적어봅시다.

● 내 삶에서 중요한 (                              ).

● 내 삶에서 중요한 (                              ).

● 내 삶에서 중요한 (                              ).

● 내 삶에서 중요한 (                              ).

● 내 삶에서 중요한 (                              ).

▶ 내가 선택한 핵심 가치들을 바탕으로 일상생활 중 꼭 해야 하는 일과 줄이고 싶은 일을 적어봅시다.

꼭 해야 하는 일

- 
- 
- 
- 
- 

줄이고 싶은 일

- 
- 
- 
- 
-

# Q.

아이가 생기기 전의 삶으로
돌아가고 싶은 생각이 간절한가요?

**YES**

아이가 생기기 전의 삶을 살 수 있다면
어떤 것을 제일 먼저 하고 싶은지 생각해보세요.

↓

그 활동 혹은 비슷한 활동을 할 수 있는
일정을 잡아봅시다. 한참 후라도 괜찮습니다.

↓

아이를 돌보고 키우는 이 시기는
언젠가는 반드시 끝난다는 사실을 기억하세요.

↓

숨을 깊게 들이마십니다.
내쉬는 숨에 슬픈 마음을 모두 떨쳐냅니다.

**NO**

다음 페이지로 넘어가도 좋습니다.

# Q.

가족 구성원 모두를 만족시키려고
애쓰고 있나요?

당신의 부모님은 스스로를 어떻게 챙겼나요?
그분들은 자기관리를 했나요?
그분들은 지나치게 무리해서 행동했나요?
그분들은 모든 사람들에게 잘하려고 했나요?
↓
이런 것들이 현재의 당신에게
어떤 영향을 미쳤는지 생각해봅시다.
↓
숨을 깊게 들이마십니다.
내쉬는 숨에 도움이 되지 않는
학습된 패턴과 행동을 모두 내뱉습니다.
↓
온전히 당신만을 위한 일을 1가지 생각해봅시다.
지금 당장 할 수 있다면 좋겠지만
쉽지 않다면 나중에 할 수 있도록
나와의 약속을 정하고
시간을 확보해봅시다.

당신은 충분히 잘하고 있습니다.
가족 구성원들을 위해
이렇게 노력하고 있으니까요.

감수 **홍성향**

라이프 코치(한국코치협회KSC,국제코칭연맹PCC). 코칭, 영성, 분석심리학, 표현예술기법 등을 연구하고 있으며, 대중들에게는 셀프 코칭에 대한 강연 및 콘텐츠를 제공하고, 전문 코치가 되고자 하는 이들을 양성 및 훈련하는 일에 힘쓰고 있다. 2010년부터 삶을 보다 자신답게 살고자 하는 이들을 위해 『자문자답 나의 1년』의 내용으로 구성된 1년 그룹 코칭 프로그램을 운영해오고 있으며, 그 외 1:1 코칭, 코치 양성 교육, 코칭 수퍼 비전 등 코치로서 활동하고 있다. 출간한 책과 문구로는 『오늘,진짜 내 마음을 만났습니다』(2017)와 〈자문자답 다이어리: I, II-자존감〉, 〈한 줄 질문, 3년의 기록〉(2017-2018)이 있다.

# 패닉버튼

**초판 1쇄 인쇄** 2022년 4월 22일
**초판 1쇄 발행** 2022년 5월 5일

**지은이** 태미 커크니스  **옮긴이** 강예진
**펴낸이** 김종길  **펴낸 곳** 글담출판사  **브랜드** 인디고

**기획편집** 이은지 · 이경숙 · 김보라 · 김윤아  **마케팅** 김상윤
**디자인** 박윤희  **홍보** 정미진 · 김민지  **관리** 박지웅

**출판등록** 1998년 12월 30일 제2013-000314호
**주소** (04029) 서울시 마포구 월드컵로 8길 41(서교동)
**전화** (02) 998-7030  **팩스** (02) 998-7924
**페이스북** www.facebook.com/geuldam4u  **인스타그램** geuldam
**블로그** http://blog.naver.com/geuldam4u

ISBN  979-11-5935-108-2 (03180)
* 책값은 뒤표지에 있습니다.
* 잘못된 책은 구입하신 곳에서 바꾸어 드립니다.

**만든 사람들** ─────
**책임편집** 이은지  **디자인** 박윤희

글담출판에서는 참신한 발상, 따뜻한 시선을 가진 원고를 기다리고 있습니다.
원고는 글담출판 블로그와 이메일을 이용해 보내주세요. 여러분의 소중한 경험과 지식을 나누세요.
**블로그** http://blog.naver.com/geuldam4u  **이메일** geuldam4u@naver.com